Míralo de cerca

Lectura
Scott Foresman

¡Qué bien la pasamos!

Míralo de cerca

Juntos aprendemos

¡Me gusta!

Voy contigo

¡Qué sorpresa!

PEARSON

Scott
Foresman

Conozcamos a la ilustradora de la portada
Maryjane Begin y su familia viven en Providence, Rhode Island, donde enseña a estudiantes universitarios y se dedica al arte. Muchas de sus ilustraciones, incluso las de lugares imaginarios, reflejan cosas de Providence.

ISBN: 0-328-26780-5

2 3 4 5 6 7 8 9 10 V063 15 14 13 12 11 10 09 08 07

Míralo de cerca
Lectura
Scott Foresman

Autores del programa

George M. Blanco

Ileana Casanova

Jim Cummins

George A. González

Elena Izquierdo

Bertha Pérez

Flora Rodríguez-Brown

Graciela P. Rosenberg

Howard L. Smith

Carmen Tafolla

PEARSON
Scott Foresman

Oficinas editoriales: Glenview, Illinois • Parsippany, Nueva Jersey
Nueva York, Nueva York
Oficinas de ventas: Boston, Massachusetts • Duluth, Georgia • Glenview, Illinois
Coppell, Texas • Sacramento, California • Mesa, Arizona

Míralo de cerca

Autora célebre

Margarita Robleda Moguel

4

Salí de paseo

ESCRITO POR
Sue Williams

ILUSTRADO POR
Julie Vivas

No todo lo que brilla es oro.

Míralo de cerca

Míralo de cerca.
¿Qué más ves?

AEIOU

por Margarita Robleda Moguel

ilustrado por Maribel Suárez

A E I O U

Es el gato Misifú.

E I O U A

A la plaza él se va.

I O U A E

Otro gato va con él.

U O A E I

Es el gato Misifí.

O E I U A

A la plaza ya se van.

E I U A O

¡Una idea tengo yo!

O E I U A

A cantar, a cantar.

A E I O U

¡Misifí y Misifú!

El gato
de las mil narices

por Margarita Robleda Moguel
ilustrado por Maribel Suárez

Éste era un gato, con nariz

de trapo y ojos al revés...

¿Quieres que te lo cuente otra vez?

¿Gato con nariz de trapo?

¿Gato con ojos al revés?

Cuentos que comienzan una y otra vez.

Pero este gato, con nariz de trapo...
¿Sabes dónde vive?

¿Sí? ¿No? ¿Quieres que
te lo diga en secreto?

Pues bien, este gato

con nariz de helado...

¡Ay, me equivoqué!

Comienzo de nuevo.

Este gato con nariz de pato...

¡Otra vez!

Este gato con nariz de pavo...

¡Ay!

Nariz de sapo...

¡Mamá!

Nariz de taco...

¡Auxilio!

Este gato con nariz de trapo

y ojos al revés...

¡Al fin!

Vive en el país de los sueños,

en una nube azul y blanca...

...donde puede tener todas las narices que se le dé la gana.

Conozcamos a la autora

Margarita Robleda Moguel es mexicana.
Ha pasado muchas temporadas en San
Antonio, Texas, con sus abuelos.

"Lo que más me gusta en este mundo es
ser feliz haciéndole cosquillas al corazón
de chicos y grandes con mis cuentos,
canciones y buen humor", dice la señora
Robleda.

Cuatro patas tiene un gato

Tradicional

Cuatro patas

tiene un gato,

una, dos, tres y cuatro.

Éste era un gato

Tradicional

Éste era un gato,

que tenía los pies de trapo

y los ojos al revés.

¿Quieres que te lo cuente otra vez?

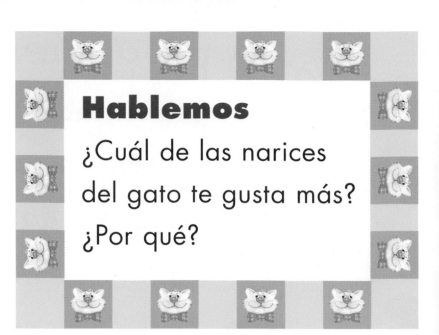

Hablemos

¿Cuál de las narices del gato te gusta más? ¿Por qué?

Busca más narices

Dibuja el gato con nariz de trapo. Recorta de una revista una nueva nariz. Pégale la nariz al gato.

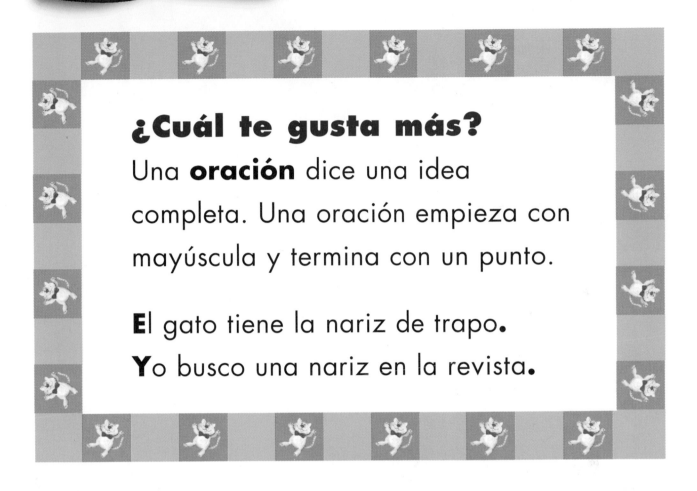

¿Cuál te gusta más?

Una **oración** dice una idea completa. Una oración empieza con mayúscula y termina con un punto.

El gato tiene la nariz de trapo**.**
Yo busco una nariz en la revista**.**

Habla

Mira este gato. Di si se parece a los gatos que has visto. Dilo en una oración.

Escribe

Escribe una oración sobre un gato.

Maleta, mapa, osito, pelota

por Mario Lamo Jiménez

ilustrado por Estrella Fages

—No veo mi maleta —dice
Mimi—. Por más que miro el
piso, no veo mi maleta.

—No veo mi mapa —dice
Mimi—. Por más que miro el
piso, no veo mi mapa.

—No veo mi osito —dice
Mimi—. Por más que miro el
piso, no veo mi osito.

—No veo mi pelota —dice
Mimi—. Por más que miro el
piso, no veo mi pelota.

—¡Mi maleta! ¡Al fin!

—dice Mimi.

—Veo mi maleta, mi mapa, mi
osito y mi pelota —dice Mimi—.
¡Voy de paseo con mi papá!

El viento travieso

por Lourdes Bradley

ilustrado por Martha Avilés

Iban caminando por la calle…

una señora cargando

un bebé con un biberón,

un señor con bigote,

un perro con una pelota,

un ladrón con un antifaz,

una viejita con un

sombrero chistoso,

un policía con un silbato,

un rey con una corona,

y un gato con un moño azul,

cuando…

el viento sopló y sopló.

Sopló tan fuerte…

tan fuerte que hizo que volaran
todas las cosas.

Voló el biberón del bebé,

el bigote del señor,

el antifaz del ladrón,

la pelota del perro,

el sombrero de la viejita,

el silbato del policía,

la corona del rey
y el moño del gato.

 Todos estaban muy enojados
y le gritaron al viento que les
devolviera todas sus cosas.

Entonces, el viento sopló
y sopló, pero…

el antifaz del ladrón

le cayó al bebé;

el biberón del bebé, al ladrón;

el bigote del señor

le cayó al perro;

y la pelota del perro, al señor;

el sombrero chistoso de la
viejita le cayó al policía;

y el silbato del policía, a la viejita;

la corona del rey

le cayó al gato

y el moño azul del gato

le cayó al rey.

Y el viento se reía y se reía…

Conozcamos a la autora

A **Lourdes Bradley** le gusta escribir sobre cosas chistosas. Escribe cuentos para que olvidemos los problemas. Sus libros favoritos cuando era pequeña trataban de la niñez de las personas famosas.

Conozcamos a la ilustradora

Martha Avilés usa su imaginación cuando dibuja. Dice que los niños la inspiran. Ella admira el mundo de fantasía que los niños imaginan.

Hablemos

¿Cuál fue la parte más chistosa del cuento? ¿Por qué te pareció chistosa?

Mural de la clase

Con otros niños, haz un mural de un día de viento en el parque. Imaginen las cosas que el viento hace volar y dibújenlas.

¡A volar!

Una oración tiene una parte que nombra.

La **parte que nombra** dice de qué o quién se habla en la oración.

El viento es muy fuerte.

Las hojas vuelan muy alto.

Habla

Cuenta algo sobre un día de viento. Di qué viste. Dilo en una oración.

Escribe

Escribe lo que tú y tus amigos harían en un día de mucho viento. ¿A qué jugarían? ¿Cómo se vestirían? Usa diferentes partes que nombran.

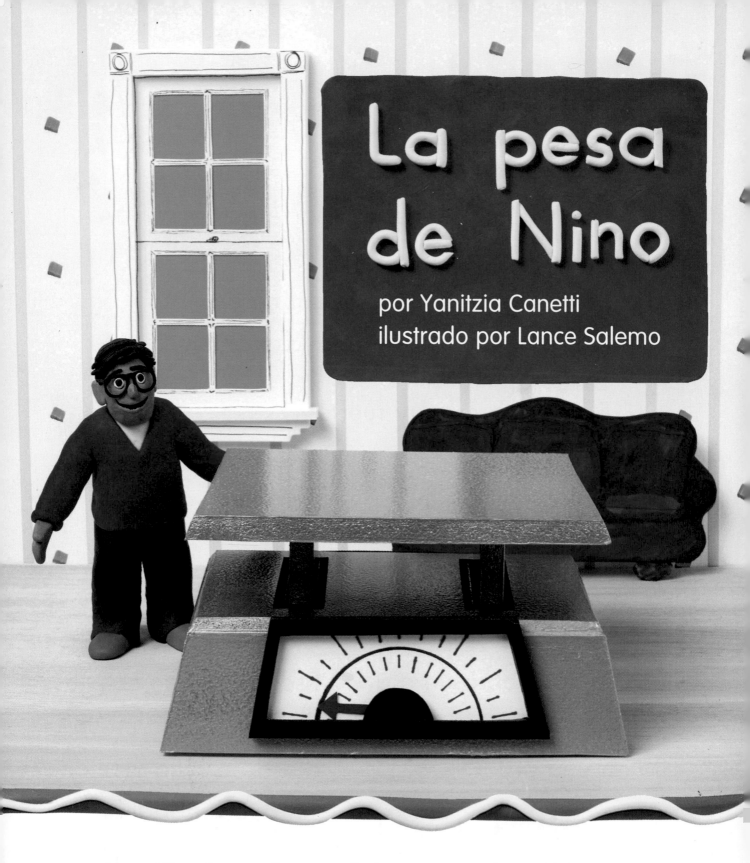

La pesa de Nino

por Yanitzia Canetti
ilustrado por Lance Salemo

En la sala está la pesa de Nino.
Nino está solo. No pasa nada.

Pasa el sapo Sasapo.

El sapo Sasapo se pesa.

Pasa el mono Monono.

El mono Monono se pesa.

Pasa el oso Mimoso.

El oso Mimoso se pesa.

Pasa la vaca Paca.

—No vi si se pesa —dice Nino.

Si se pesa, ¿qué pasa?

Esto es lo que pasa.

¡Sí, qué pena!

Salí de paseo

por
Sue Williams

ilustrado por
Julie Vivas

versión en español de
Alma Flor Ada

Salí de paseo.

¿Qué fue lo que viste?

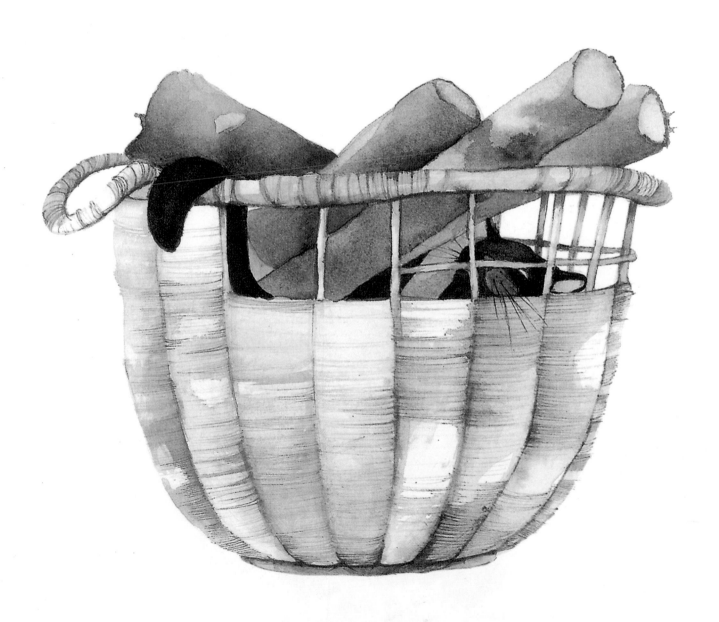

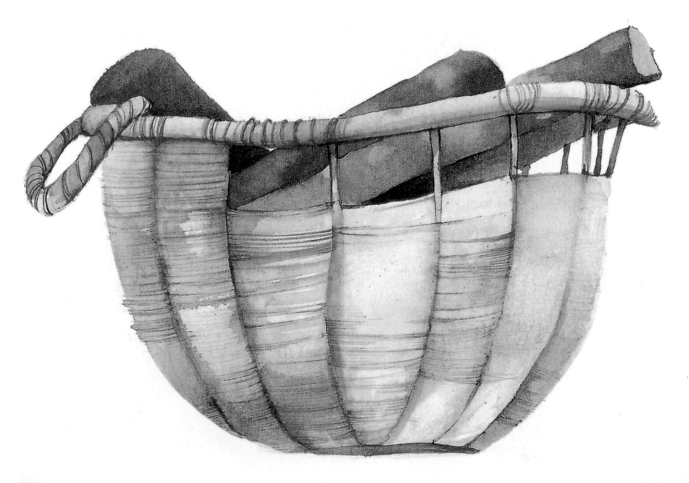

Esto es lo que vi.

Vi un gato negro

mirándome a mí.

Salí de paseo.

¿Qué fue lo que viste?

Esto es lo que vi.

Vi un caballo color café

mirándome a mí.

Salí de paseo.

¿Qué fue lo que viste?

Esto es lo que vi.
Vi una vaca roja
mirándome a mí.

Salí de paseo.

¿Qué fue lo que viste?

Esto es lo que vi.

Vi un pato verde

mirándome a mí.

Salí de paseo.

¿Qué fue lo que viste?

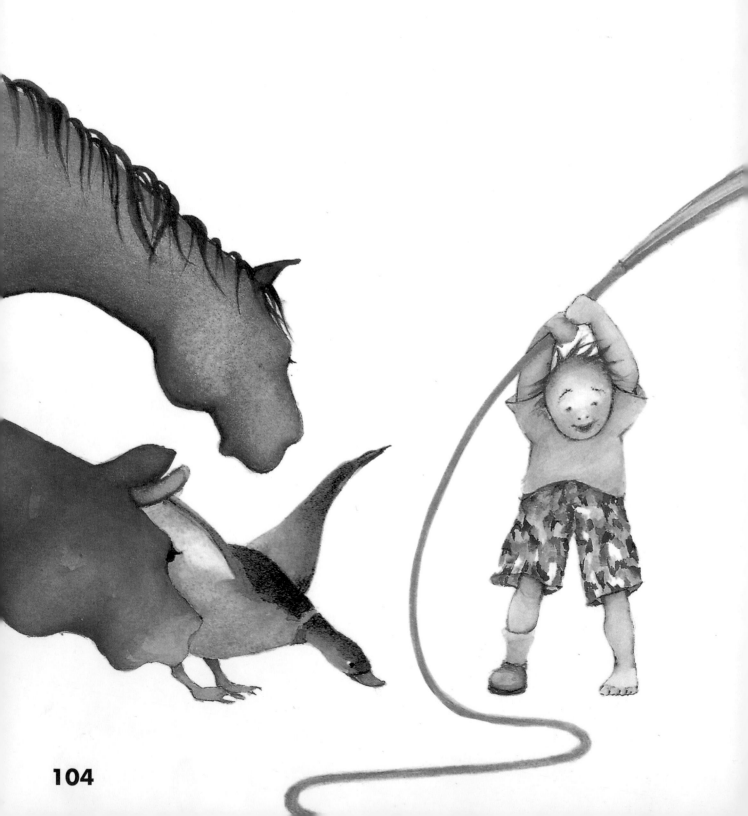

Esto es lo que vi.

Vi un cerdo rosado

mirándome a mí.

Salí de paseo.

¿Qué fue lo que viste?

Esto es lo que vi.
Vi un perro amarillo
mirándome a mí.

Salí de paseo.

¿Qué fue lo que viste?

Esto es lo que vi.
¡Vi un montón de animales
siguiéndome a mí!

Conozcamos a la autora y a la ilustradora

Autora

Ilustradora

Sue Williams

vive en una granja.
Allí tiene ovejas y
manzanos. *Salí de
paseo* es su primer
libro ilustrado. Lo
escribió para sus
sobrinas y sobrinos.

Julie Vivas

comienza sus dibujos
con lápiz. Luego los
termina con acuarelas.
"Me gusta ver cómo se
mezcla la pintura
mojada con el papel
mojado", dice.

Una vez, por las calles de Caracas

por María Elena Walsh

Una vez, por las calles de Caracas

aparecieron veinticinco vacas.

Como era Carnaval,

nadie veía mal

que bailaran tocando las maracas.

Hablemos

¿Qué animales del cuento has visto antes?

Los colores de los animales

Dibuja un animal que viste cuando saliste de paseo. ¿De qué color lo pintarás?

Lo que hacemos

Una oración tiene una parte que nombra y una parte de acción. La **parte de acción** dice lo que una persona o cosa hace.

Un niño **lee.**
Una niña **pinta.**

Habla

Mira la ilustración. Di lo que alguien hace. Luego di lo que tú haces en la escuela.

Escribe

Trabaja con tu clase. Escribe lo que haces en la escuela. Usa oraciones. ¿Qué acciones vas a escribir?

Lalo y Didi

por Eddie Hernández

ilustrado por Alain Espinosa

A Lalo le gusta la luna.

Es la luna de Lalo.

A Didi le gusta la luna.

Es la luna de Didi.

—Yo quiero la luna, Didi

—dice Lalo.

—Yo quiero la luna, Lalo
—dice Didi.

La luna es amiga de los dos.

Es la luna amiga de Lalo y de Didi.

Lalo y Didi nadan con la luna.

A los dos les gusta la luna.

Federico y el mar

escrito por Graciela Montes   ilustrado por Claudia Legnazzi

A Federico le gusta la playa.

¡La arena es tan divertida!

Y allá, en el fondo, está el mar.

—¿Vamos al agua, Fede? —le
pregunta el papá.

Federico dice que no. No quiere.

—¡No y no! ¡Al agua no!

Federico tiene miedo,

por eso no quiere entrar.

¡Las olas son tan enormes,
y hay tanta agua en el mar!

Mejor se queda en la orilla...

Federico mira y piensa:

"¿Será divertido el mar?"

Federico está en su laguna,
que es más chiquita que el mar.

El agua viene y lo moja,

el agua viene y se va.

—¡Quiero más agua! —dice
y se va con el balde al mar.

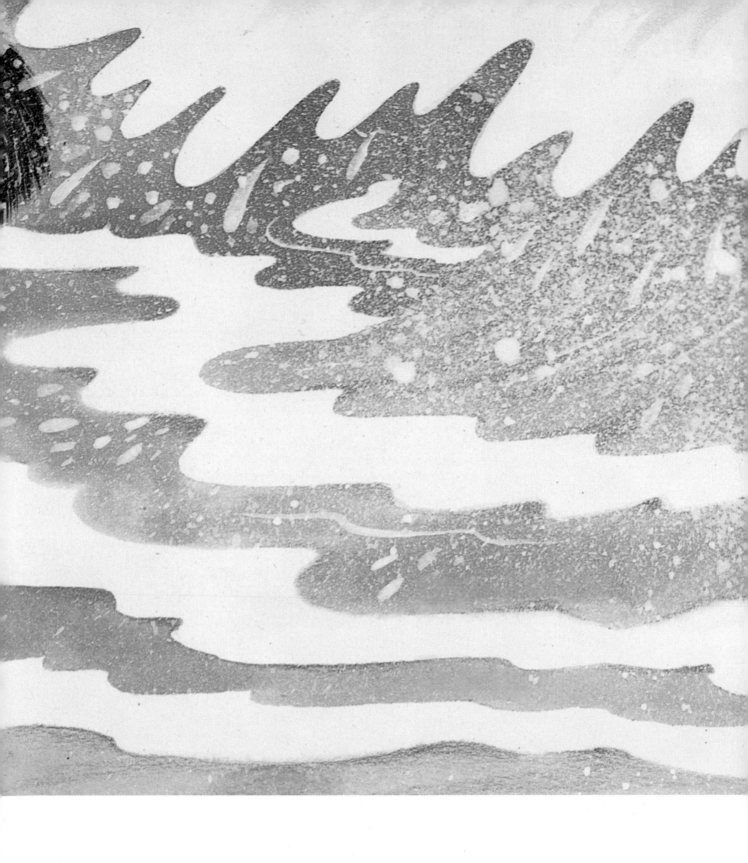

El agua viene y lo moja,

el agua viene y se va.

Federico salta las olas,

¡y ya está dentro del mar!

El agua viene y lo moja,

el agua viene y se va.

Conozcamos a la autora

Graciela Montes es de Argentina. Ha escrito otros cuentos sobre Federico. Escribió este cuento para mostrar que superar los miedos puede ser divertido.

Conozcamos a la ilustradora

Claudia Legnazzi ilustra los cuentos de Federico. Le gusta poner detalles, como un ratoncito, en sus ilustraciones. ¿Lo ves en el cuento? El ratoncito se siente igual que Federico.

Marinero

Canción tradicional

Marinero que se fue
a la mar y mar y mar
a ver qué podía
ver y ver y ver,
y lo único que pudo
ver y ver y ver,
fue el fondo de la
mar y mar y mar.

Hablemos

Federico le tiene miedo al agua. Y tú, ¿has tenido miedo antes? ¿A qué le has tenido miedo?

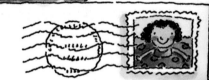

Escríbele a Federico

Escríbele a Federico. En una oración, dile si te gusta el agua. Explica por qué.

¡Vamos todos al agua!

El orden de las palabras te dice la idea de la oración. ¿Cuál de las oraciones te dice lo que muestra el dibujo?

El muñeco está sobre el tubo.

El tubo está sobre el muñeco.

Habla

Imagina que a alguien no le gusta la playa. Dile tres cosas divertidas que se hacen en la playa.

Escribe

Imagina que tú y tu familia van a la playa. Escribe tres oraciones sobre lo que hacen.

Los animales de la finca

por Arcadia López

Hola, soy Tito Torres.

Estoy en la finca de mi familia.

Mira la gallina Tina.

Te da huevos.

¿Lo sabías tú?

Mira la vaca Felisa.

Te da leche.

¿Lo sabías tú?

Mira la cabra Fita.

Te da queso.

¿Lo sabías tú?

Mira la oveja Tati.

Te da lana.

¿Lo sabías tú?

Los animales te dan cosas tan
buenas. Fíjate bien, ninguno es
feo. En fin, ¡todos son fabulosos!

Los hogares de los animales

por Arcadia López

Contenido

El hogar de **la foca**

La foca vive en el mar.

Allí se tira al agua y al fin
sale otra vez.

Sale a tomar sol en las rocas.

Su piel se ve lisa y lustrosa.

El hogar de **la jirafa**

La jirafa vive en la selva.

Allí come y come.

Alcanza las hojas de los árboles.

Su pescuezo tan largo la ayuda.

El hogar **del topo**

El topo vive debajo de la tierra.

Allí escarba y escarba.

Levanta montoncitos de tierra.
Sus fuertes patas hacen túneles
y más túneles.

Cada animal tiene su hogar:

en el agua,   sobre la tierra

o debajo de la tierra.

Conozcamos a la autora

Arcadia López nació en México, pero se mudó a Estados Unidos hace mucho tiempo. A ella le interesa todo lo que tiene que ver con los niños. Fue maestra bilingüe por muchos años. La señora López escribió esta selección para que los niños aprendan algo nuevo sobre el mundo de los animales.

Hablemos

¿Qué animal del cuento te gusta más? ¿Por qué?

Dibuja el hogar

Recorta un animal de una revista.

Pega el animal en un papel. Dibuja el hogar del animal a su alrededor.

¿Qué hacen los animales?

La oración que cuenta lo que hace una persona, animal o cosa empieza con mayúscula y termina con un punto.

Los perros ladran.
Las ballenas viven en el mar.

Habla

Di las cosas que hace el animal que más te gusta. Usa oraciones. Pide a tu clase que adivine qué animal es.

Escribe

Mira el animal que recortaste. Escribe una oración sobre él.

159

Gato Goloso y Lobita Bonita

por Clarita Kohen

ilustrado por Denise & Fernando

—Quiero algo muy rico
—dice Lobita Bonita.

—Te va a gustar este batido de banano —dice Gato Goloso.

Lobita Bonita pela el banano.
Gato Goloso bate el banano
con la leche.

Lobita Bonita pone el batido
en los vasos.

Gato Goloso pone la mesa.

Pone un mantel bajo los vasos.

Se lame el bigote.

Lobita Bonita y Gato Goloso
beben el batido de banano.
—¡Qué rico! —dice Gato Goloso.
—¡Me gusta! —dice Lobita Bonita.

La cinturita de Anansi

Cuento tradicional africano

narrado por
Len Cabral

ilustrado por
David Díaz

versión en español de
Alma Flor Ada

Un día, la araña Anansi sintió
el olor de los boniatos que la
gente cocinaba.

—¡Humm! ¡Me encantan
los boniatos! —dijo Anansi.

—Ven —le dijo la gente—.

Vamos a comer dentro de poco.

Anansi no quería esperar.

—Átenme un cordel alrededor
de la cintura —les dijo.

—Cuando los boniatos estén listos,
tiren del cordel, y regresaré.

Anansi siguió su camino.

Sintió el olor de arroz y frijoles
que la gente cocinaba.

—¡Humm! ¡Me encanta
el arroz con frijoles! —dijo.

—Ven —le gritó la gente—.
Vamos a comer dentro de poco.

Anansi no quería esperar.

—Átenme un cordel alrededor
de la cintura —les dijo.

—Cuando el arroz y los frijoles
estén listos, tiren del cordel,
y regresaré.

Anansi siguió su camino y
sintió el olor de otras comidas.
Pero Anansi no quería esperar.

—Átenme un cordel alrededor
de la cintura —les dijo a todos.

En muy poco tiempo ya tenía
ocho cordeles atados a la cintura.

Sintió un tirón.

—¡Qué rico! ¡Boniatos! —dijo.

Otro tirón.

—¡Qué rico! ¡Arroz y frijoles!

—dijo.

Sintió otro tirón y luego otro.

—¡Qué rico! ¡Qué rico! —dijo.

Los cordeles le apretaron más
y más. Y ¡se reventaron!

Y ahora sabes por qué
las arañas tienen ocho patas
y una cintura pequeña.

Conozcamos al autor

Len Cabral es cuentista.
La cinturita de Anansi es un
cuento tradicional africano.
Se ha contado en forma
oral por cientos de años.
El señor Cabral lo escribió
para poder compartirlo
con muchos niños.

Conozcamos al ilustrador

David Díaz quiso
ser artista desde muy
pequeño. Su estilo
es muy personal e
imaginativo. Además,
le encanta trabajar
en cerámica.

La araña pequeñita

por José-Luis Orozco

La araña pequeñita
subió, subió, subió.
Vino la lluvia
y se la llevó.
Salió el sol
y todo lo secó,
y la araña pequeñita
subió, subió, subió.

La araña grandotota
subió, subió, subió.
Vino la lluvia
y se la llevó.
Salió el sol
y todo lo secó,
y la araña grandotota
subió, subió, subió.

Hablemos

Lee el cuento de nuevo con varios compañeros. Hagan el papel de cada personaje usando distintas voces.

Haz una escultura

Usa plastilina para formar el cuerpo de Anansi. Hazle la cintura muy pequeña y ponle ocho patas.

¿Has visto una araña?

Una pregunta es una oración que pide una contestación. Comienza con mayúscula. Lleva un ¿ al comienzo y otro ? al final.

¿**C**uántas patas tiene una araña**?**
¿**H**as visto alguna vez una araña**?**

Habla

Pregunta a alguien si ha visto una araña alguna vez. Hazle preguntas sobre las arañas.

Escribe

Escribe una pregunta sobre la araña del cuento. Después escribe la respuesta.

En los exámenes

Tomar un examen

Los exámenes traen preguntas para que tú las respondas.

Tú respondes las preguntas marcando la respuesta correcta.

Sólo una respuesta es correcta.

Ésta es una pregunta sobre *El viento ravieso.*

1. ¿Quién iba paseando por la calle con un moño azul cuando sopló el viento?

Ⓐ un bebé

Ⓑ un perro

Ⓒ un gato

Usa un lápiz. Marca sólo una respuesta.
Rellena el círculo de la Ⓐ, la Ⓑ o la Ⓒ.
Permanece dentro de la línea.

Así fue como un niño respondió su pregunta.

Marco sólo una respuesta.
Relleno el círculo de la C.
Permaneceré dentro de la
línea.

¡Inténtalo!

Lee las preguntas.
Di cuál de las preguntas está bien respondida.
Di por qué.

**2. ¿A quién le cayó
el moño azul?**

Ⓐ **al rey**

Ⓑ **al policía**

Ⓒ **al viento**

**3. ¿Quién llevaba
puesto un
sombrero chistoso?**

Ⓐ **el bebé**

Ⓑ **la mamá del bebé**

Ⓒ **la viejita**

Glosario ilustrado
Animales

Mascotas

gato

perro

Animales de la granja

cerdo

caballo

vaca

Ave

pato

Insecto

hormiga

Animales silvestres

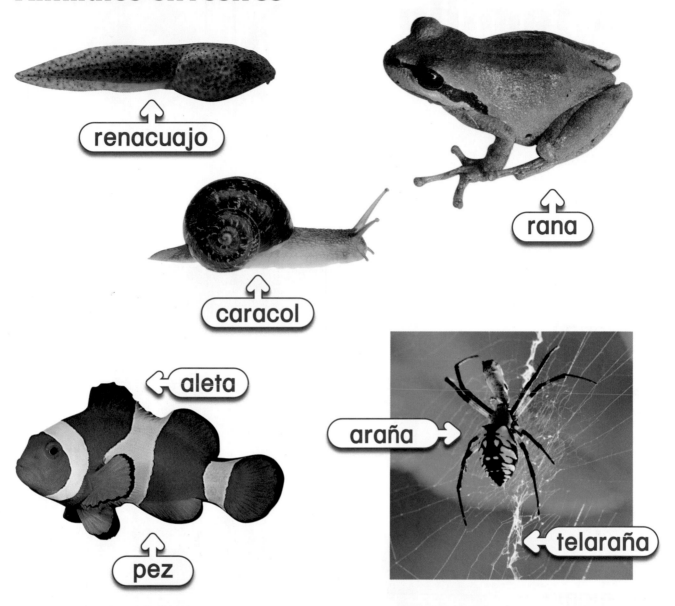

renacuajo

rana

caracol

aleta

pez

araña

telaraña

oso

cachorro

Glosario ilustrado
Mi familia

hija
hermana

tía

tío

¡Yo!

papá
padre
papi

prima

mamá
madre
mami

abuela
abuelita

hermano

abuelo
abuelito

rama →

ave →

nido ←

carpa ↓

enredadera ←

helecho →

tronco ↓

tulipán ←

flor

hoja

tallo

raíz

semilla

197

Glosario ilustrado
De pinic

servilleta

pan

lechuga

ensalada

carne

mantel

pastel

queso

termo

salsa

tacos

nachos

hielo

jarra

limón

sándwiches

pastelitos

198

torta

sal

perrito caliente

hamburguesa

dulces

galletas

durazno

ciruela

pepinos

aguacate
hueso

tomates

pera

mantequilla de
cacahuate

pasas

apio

sandía

jugo

frasco

cacahuates

199

Glosario ilustrado
En la cena

arroz

pastelitos de sal

batata

sopa

pescado

cucharón

platos

pollo

Bocaditos

zanahorias

manzana

uvas

cereza

pizza

espaguetis

frijoles

cacerola

remolachas

maíz

caldero

papa

brócoli

helado

frutos secos	galleta de sal	palomita de maíz	pretzel

Glosario ilustrado
Palabras auxiliares

en medio

encima de

a través

junto a

cerca de

dentro

al lado de

él   ella   aquí   allá

en

perdido

primero

siguiente

último

debajo

contra

alrededor

solo

nosotros

ellos

Glosario ilustrado
Opuestos

pequeño
diminuto

grande
enorme
gigante

sí   no

bien

mal

largo   corto

abierto

cerrado

mojado

seco

pesado

liviano

lleno

vacío

204

de frente

de espalda

**pocos
menos**

**muchos
más**

caliente

frío

claro

oscuro

duro

blando

derecha

izquierda

lento

rápido

sucio

limpio

A E I O U

El gato de las mil narices

a
el
es
otro
un

Maleta, mapa, osito, pelota

El viento travieso

al
más
mi
papá
por

La pesa de Nino

Salí de paseo

esto
nada
sí
solo
vi

Lalo y Didi

Federico y el mar

de
dos
la
luna
miedo
y

Los animales de la finca

Los hogares de los animales

estoy
feo
fin
tan
tú

Gato Goloso y Lobita Bonita

La cinturita de Anansi

bonito
dijo
gato
gustar
muy

Acknowledgments

Text

Page 18: *El gato de las mil narices* by Margarita Robleda Moguel. Illustrated by Maribel Suárez. Text copyright © 1990 by Margarita Robleda Moguel. Illustration copyright © 1990 by Maribel Suárez. Reprinted by permission of Consejo Nacional de Fomento Educativo.

Page 48: *El viento travieso* by Lourdes Bradley. Illustrated by Martha Avilés. Text copyright © 1994 by Lourdes Bradley. Illustration copyright © 1994 by Martha Avilés. Reprinted by permission of Ediciones Corunda.

Page 84: *Salí de paseo* by Sue Williams. Illustrated by Julie Vivas. Translated by Alma Flor Ada. Text copyright © 1989 by Sue Williams. Illustrations copyright © 1989 by Julie Vivas. Spanish translation copyright © 1995 by Harcourt Brace & Company. Reprinted by permission of Harcourt Brace & Company.

Page 115: "Una vez por las calles de Caracas" from *Zoo Loco* by María Elena Walsh. Text copyright © 1996 by María Elena Walsh. Reprinted by permission of Compañía Editora Espasa Calpe Argentina.

Page 124: *Federico y el mar* by Graciela Montes. Illustrations by Claudia Legnazzi. Text copyright © 1995 by Graciela Montes. Illustration copyright © 1995 by Claudia Legnazzi. Reprinted by permission of Editorial Sudamericana.

Page 166: "La cinturita de Anansi," by Len Cabral. Reprinted by permission of Addison Wesley Longman, Inc.

Page 187: "La araña pequeñita" from *De Colores and Other Latin-American Folk Songs for Children* by José Luis Orozco. Copyright © 1994 by José Luis Orozco. Reprinted by permission.

Artists

Maryjane Begin, cover, 8-9
Maribel Suárez, 10 - 38, 41
Melissa Sweet, 39
Estrella Fages, 42 - 47
Martha Avilés, 48 - 77
Lance Salemo, 78 - 83
Julie Vivas, 84 - 114
Laura Ovresat, 116, 117
Liisa Chauncy Guida, 115, 159
Alain Espinosa, 118 - 123
Claudia Legnazzi, 124 - 138, 140, 141
Bari Weissman, 140
Denise and Fernando, 160 - 165
David Diaz, 166 - 186, 188, 189
Whitney Alexanderson Heavey, 188, 189
Bernard Adnet, 187

Photographs

Page 40 Allan Penn Photography for Scott Foresman
Page 68 © Index Stock Imagery/Tina Buckman
Page 75 Courtesy of author
Page 76 Allan Penn Photography for Scott Foresman
Page 114 (TL) Courtesy Harcourt Brace & Company, Photo: Doug Nicholas; (TR) Courtesy Harcourt Brace & Company
Pages 142-147 Boy, Allan Penn Photography for Scott Foresman
Page 142 Barn, © Bob Daemmrich
Page 143 Chicken, © Deborah Davis/PhotoEdit
Page 144 Cow, © Robert Frerck/Odyssey Productions/Chicago
Page 145 Goat, © Alan Oddie/PhotoEdit
Page 146 Sheep, © Tony Freeman/PhotoEdit
Page 148 © ZEFA/The Stock Market, 1994
Page 149 ©The Stock Market/Chris Collins
Page 150 © CORBIS/Ralph A. Clevenger
Page 151 © Larry Brownstein/Rainbow/PNI
Page 152 © The Stock Market/William Manning
Page 153 © Daniel J. Cox/Tony Stone Images
Page 154 © ZEFA/The Stock Market, 1994
Page 155 © E.R. Degginger/Bruce Coleman, Inc.
Page 156 (TL) © CORBIS/Ralph A. Clevenger; (R) © Daniel J. Cox/Tony Stone Images; (BL) © E.R. Degginger/Bruce Coleman, Inc.
Page 157 (B) © ZEFA/The Stock Market, 1999
Page 158 (TL) © ZEFA/The Stock Market, 1994; (TC) © E.R. Degginger/Bruce Coleman, Inc. (TR) © The Stock Market/Chris Collins; (B) Allan Penn Photography for Scott Foresman
Page 188 Allan Penn Photography for Scott Foresman
Page 190 Cat, dog, pig, horse, cow, duck, PhotoDisc, Inc.; ant, Artville
Page 191 Tadpole, Harry Rogers/NAS/Photo Researchers; frog, spider/web, bear/cub, PhotoDisc, Inc.; snail, Artville; mole © E.R. Degginger/Bruce Coleman, Inc.; giraffe © The Stock Market/William Manning; seal © Larry Brownstein/Rainbow/PNI